AF595515

Ramona Roßbach

Von den schwarzen Frühlingsblumen

Gedichte vom Vergänglichen

Bibliographische Information der Deutschen Nationalbibliothek:
Die Deutsche Nationalbibliothek verzeichnet diese Publikation in der Deutschen Nationalbibliographie; detaillierte bibliographische Daten sind im Internet über http://dnb.dnb.de abrufbar.

Verlag: BoD · Books on Demand GmbH, Überseering 33,
22297 Hamburg, bod@bod.de
Druck: Libri Plureos GmbH, Friedensallee 273, 22763 Hamburg

ISBN: 978-3-8192-7895-2

Für die, die schon gegangen sind,

und die, die sie vermissen

INHALT

Tiefer

wenn die Engel tiefer fliegen
in den Abgründen
den dunklen

dann
vielleicht
gerade dann

können wir sie
wortlos
sehen

WORTLOS

Verloren

rau ist das Wetter
über den Bergen
ein Meer aus Wolken
unverstellt
meine Sinne suchen Halt
und wollen doch nichts finden
irren mit den Winden
durch einen farblos
stillen Traum

Kopfüber

der Mond ist untergegangen
in den Wolken am Morgen
die Vögel schweigen laut
ein Lied vom himmlischen Frieden

Unfassbar

heute singen die Schwalben
ein seltsames Lied
von Vergessen und Sein
die Bäume schweigen Trost
und meine Seele
taumelt still

Abschied bei Halbmond

halbes Rund Käse
Stück Zuckergusstorte
ein Halbhimmelslicht
mythenumwoben
mir zart silbrig glänzend
ein Schattengesicht
der Tod küsst das Leben
und macht sich davon

Am Abend

draußen gehen die Lampen an
die Nacht ist schön und rau
ein Abend ohne Wiederkehr
ein Stern ist sie geworden

Schweigend

Abendgrau
die Menschen schweigen
nicht zu sagen
das was fehlt
die Seele unentwegt
beredt
spricht Tränen
goldne
Funken Licht

Auf Reise

Es fährt ein Schiff, ein kleines,
am großen, weiten Meer;
scheint mir, als ob's allein ist,
weiß nicht, wohin es fährt.
Heut ist mir alles anders
und scheint mir so verkehrt.
Doch kennt das Schiff die Wege,
durchquert das weite Meer.

BRUCHSTÜCKE

Die Wunde

eine Wunde
trage ich mit mir herum
sie ist nicht wie die anderen
manchmal ist alles normal
dann vergesse ich
warum ich traurig bin
vergess auch dass ich traurig bin
bin glücklich und normal
die Wunde heilt
nicht mit der Zeit
vielleicht auch doch
eines fernen Tages irgendwann
heute reißt sie wieder auf
und brennt
ist morgen stumm
sie bleibt ganz leis im Untergrund
und ich trage sie
weiter mit mir herum

Kaputt

im Asphalt
ist ein Loch
niemand weiß
mit über Wahrscheinlichkeit
hinausgehender Sicherheit
wie lange die Dinge wirklich halten
in das Loch
fällt Regen
wird eine Pfütze
wird ein Spiegel
für das was
unten scheint
oben ist
der Himmel weiß
wie man sowas
repariert

Heimsuchung

die Dämonen der Nacht
die ungeteilten
vom Tage
sind sie dir
auf die Schliche gekommen
in deinen Träumen
haben sie dich umschlichen
und geweckt
tanzt du mit ihnen
ein kleines Stück nur
bis sie ein Licht geworden

Fluss

die Zeit
fließt still
im Flussbett vorüber
schlägt Wellen
kennt Tiefen
und glättet die Strudel
fließt weiter fließt fort
fließt heran
und trägt auch ein Stück
vom Himmel vorbei

Novembersturm

Geh weiter,
wo die Ginkgoblätter
golden fallen
durch den Herbst.
Geh weiter
durch die Winde,
wo Vergänglichkeit
das Leben färbt.
Geh weiter
durch den Tunnel
wie durch ein Tor
in neue Zeit,
ein paar Schritte
durch das Dunkel,
sei der Weg
kurz oder weit.

Februarvogel

wovon singst du
du einsamer Vogel
am Februarabend
vom Frühling vielleicht
oder von Hoffnung
ist das womöglich
das Gleiche
oder ist dein Gesang
eine Sehnsucht nur
ist sie nicht auch schon
ein Anfang vom Sein

Distel

die Trauer der Distel
in sich tragen
Stachel für Stachel
und die Kraft
sich langsam aufrichtend
im Schmerz
das Licht erahnen
erkennen
die Farben
im Inneren
der nächsten Blüte

Löwenzahnspuren

Wunschblumen
weiche weiße Ballen
soweit das Auge reicht
das gelb-satte Leben
gewichen
dem Neuen
noch Zarten und Kahlen
ein Mensch ist gegangen
Erinnerung bleibt

Löwenzahnduett

Sternengold und Silberspiel,
Stiel an Stiel auf Wiesengrün,
eins ganz Sein und eins im Werden,
eins halb Himmel, eins halb Erden
stehn sie da, als *zwei* erscheinen
und sind Teil vom gleichen Einen.

DURCH EIN DUNKLES TOR

Zweiseitig

der Tod hat zwei Seiten
eine grauenhafte
von Schmerz
und Zerrissensein
von Ratlosigkeit
und Schrecken
ein jähes „Nie wieder“

und eine andere
leuchtende
voll Neubeginn

von hier aus
sehen wir nun einmal
ganz sicher
nur eine

Schwelle

über die Schwelle
ins Andre
ohne Wiederkehr
nichts ist vergleichbar
vielleicht
die Geburt
vielleicht
auch die Liebe
die Grenzen durchfließt

Abendnah

schau mal dort hinten
bei den leuchtenden wolken
hoch über den bergen
da küsst die sehnsucht die wirklichkeit
bringt sogar die toten für einen moment
ganz nahe zu unseren seelen

IM BAUM EIN LICHT

An eine Kastanie

Liebe Kastanie, bitte gib acht
auf diesen lieben Menschen,
der unter deinem Blätterdach
in Sonnenstrahlen ruht.

Liebe Kastanie, du umfängst ihn ganz sacht
mit Zweigen von oben und Wurzeln der Erde,
sprichst leise: „Es werde“
voll Weisheit und Mut.

Liebe Kastanie, ich weiß, du gibst acht,
sanft an dem Grabe, in dem er da ruht,
trägst in dir Herbst und Frühling vereint
und sagst mir getrost: „Es ist gut.“

Vollmond-Trost

Yin und Yang steht hell am Himmel
ein Mond mit Schatten und mit Licht
die Sorgen der Erde
aufgehoben für einen Moment
im endlosen Rund

Kleines Licht

kleines Licht Zuversicht
scheint am Horizont des Wartens
fürchtet nicht die Zeit
es weiß
manch Wege sind noch weit

Frühlingstrost

Mit Anmut überschütten sie mich
mitten am Tage,
die Blumen.

Wie Träumen entsprungen
leuchten sie, gelb, violett,
fein ziseliert mir entgegen,
wahrer und tiefer
als Wirklichkeit.

Mit innerem Licht sagen sie mir,
dass der rosagoldene Sonnenuntergang
auch für mich ist
und für dich

und für alle
schon immer war,
gerad auch dann,
wenn am wenigsten
wir ihn erhofften.

In unbedingter Schönheit
entfaltet sind sie,
die Blumen,
ein Trost, der keine Worte braucht.

Novembertrost

der November
mit seiner abgrundtiefen Traurigkeit
birgt einen Trost
das Leben
ist nicht immer glitzerblinkend funkelfroh
und muss es auch nicht sein
es webt sich fort
im undurchdringlichen Abendblau
in klirrender Kälte
in seelenschwerem Nebelgrau
am Grunde
wo es dunkel ist
kann eine neue Saat aufgehen

AM ENDE EIN ANFANG

Stückwerk

all unser Tun
ist Stückwerk
und niemals genug
und immer genug
mehr kann es nicht sein
in diesem Stück Raumzeit
in dem wir heut sind

Beginn

Geh durch das steinerne Tor.
Dahinter liegt Trauer
und dunkle Nacht,
ein Ahnen auch,
Geheimnis noch,
von Sternenhimmels Weite.

Eiche mit Tauben

der Lebensbaum hat viele Zweige
auf denen die Hoffnung ein- und ausfliegt
wo Schatten ist für Traurigkeit
gleich neben den Blättern aus Licht
und Dankbarkeit die Schwingen breitet

Weg

Geh unter dem Regenbogen
deinen neu bekannten Weg,
wenn die tristen Tropfen fallen
und du nichts als Wolken siehst.

Geh unter dem Regenbogen,
wissend Farben und ein Licht,
wo im Heute ruht ein Morgen
und die Träume Zukunft sind.

Alles und nichts

wenn ein geliebter Mensch stirbt
ist *nichts* mehr von Bedeutung
kein Hobby
kein Vergnügen
das Schöne
das Bunte
alles ist dumpf
und taub
von einem undurchdringlichen Schleier
aus Nichtigkeit verdeckt

und gleichzeitig
ist *alles* von Bedeutung
jedes Wort
jeder Blick
jeder Windhauch
der etwas zum Klingen bringt
jede Blüte
jedes Blatt
ein Zeichen
im Trauerspiel Hoffnung

und irgendwann
erwacht das Bewusstsein
für die Bedeutsamkeit
auch dieses Augenblicks
im Angesicht der Endlichkeit
nutzen wir ihn
leben wir ihn
in seiner grenzenlosen Tiefe

www.ingramcontent.com/pod-product-compliance
Lightning Source LLC
LaVergne TN
LVHW041526190726
843491LV00009B/2943